Théodore Strawinsky, Magnanac (Haute-Garonne, Frankreich), 1940

Roland Scotti

THÉODORE STRAWINSKY

Lied der Stille

Heinrich Gebert Kulturstiftung Appenzell
Steidl

Selbstbildnis, 1925
Öl auf Malkarton, 71 x 52 cm

VORWORT

Vor einigen Jahren brachte mir Frau Margrith Wipf-Fornaro anlässlich einer Ausstellungsvernissage im Kunstmuseum Appenzell ein Buch über den Künstler Théodore Strawinsky mit, dessen malerisches Werk ich – ehrlicherweise – zu diesem Zeitpunkt noch nicht kannte, allerdings den weltberühmten Nachnamen.

Bei dem ersten Durchblättern des Kataloges wurde deutlich, dass der Nachname tatsächlich auf eine enge Verwandtschaft zu Igor Strawinsky hinweist; Théodore war der älteste Sohn des Komponisten. Im Gespräch mit Frau Wipf-Fornaro, die ein Mitglied des Stiftungsrates der Fondation Théodore Strawinsky/Genève ist, umkreisten wir die Frage, woran es denn liege, dass der Künstler in der breiten Öffentlichkeit relativ unbekannt sei: relativ, weil sein Werk in einem privaten Kreis in der Westschweiz und in Frankreich sehr geschätzt und gesammelt wird. Darauf konnten wir keine Antwort geben.

Bei einem weiteren Besuch beschenkte Frau Wipf-Fornaro unsere Stiftung mit der schönen Monographie *Théodore Strawinsky*, die 2006 von der Fondation Strawinsky herausgegeben wurde, damals verbunden mit einer Ausstellung im Museum Neuhaus Biel (heute: Neues Museum Biel). Bei der Durchsicht dieses Buches wurde (mir) bewusst, dass die künstlerische Position Théodore Strawinskys nicht nur individuell, nicht nur interessant ist, sondern auch in der schweizerischen und europäischen Kunstgeschichte bemerkenswert bleibt. Einerseits, weil er auf die figurativen Strömungen seiner Zeit, eben 1920 bis 1985, auf hohem Niveau reagierte; andererseits, weil in seiner Kunst vor allem in den dargestellten Motiven, aber auch in der Darstellungsweise etwas aufleuchtet, das aus dem Fokus der kunstkritischen Aufmerksamkeit nahezu verschwunden ist: die grossbürgerliche, gebildete, intellektuelle und emphatische Sicht auf die Welt und die Kunst.

Im Werk Théodore Strawinskys entfaltet sich das Panorama einer bürgerlichen Welt, die geordnet, harmonisch und – wohl am bedeutendsten – kultiviert ist. Das Selbstbewusstsein einer gesellschaftlichen Gruppe, die sich eindeutig den Traditionen der europäischen Kultur- oder Geistesgeschichte zuordnet, die diese Kulturgeschichte weiterführen will, erscheint in den Porträts, in den Genrebildern und – wenig überraschend – in den Stillleben Strawinskys.

Aus diesen noch oberflächlichen Betrachtungen ergab sich der Entschluss, das Werk von Théodore Strawinsky in Appenzell vorzustellen, in einem der Häuser der Heinrich Gebert Kulturstiftung, die sich der Präsentation der europäischen Kunst- und Kulturgeschichte des 20. und 21. Jahrhunderts in einer ländlichen Region verpflichtet hat. Das Kunstmuseum Appenzell bot sich als geeigneter Ort an, nicht nur, weil seine zehn Kabinette eine angemessene «Aufführung» des thematisch vielgestaltigen Werks erlauben, sondern auch, weil der Bau selbst für die Verbindung von Moderne und Tradition steht.

Eher unterschwellige, eher einer Mentalitätsgeschichte zuzuordnende Gründe sind Parallelen zwischen unserem Hauskünstler Carl Walter Liner und Théodore Strawinsky, beides Söhne «dominanter» Vaterfiguren – die manchmal eine angemessene Würdigung der Eigenständigkeit nicht nur des Werks, sondern auch der Person des Kindes verfälschen. Beide, Théodore und Carl Walter, sind Künstler, deren Werk in Paris gesammelt wird / wurde, deren Ausstrahlung in der Schweiz aber jeweils kaum über die deutsch-französische Sprachgrenze hinausreicht. Ein grosses Desiderat der schweizerischen Kunstgeschichte wäre die wissenschaftliche Beschäftigung mit sprachbedingten Ausstellungs- beziehungsweise Rezeptionsmechanismen, die bis in die 1980er Jahre (teilweise bis heute) zu einer gewissen Unkenntnis der Kunst des jeweils anderen Landesteils führen (vom Tessin ganz zu schweigen).

Die Heinrich Gebert Kulturstiftung Appenzell bemüht sich seit der Eröffnung des Kunstmuseums 1998 immer wieder um «grenzüberschreitende» Kooperationen, so beispielsweise mit der Fondation Oskar Kokoschka Vevey, mit der Fondazione Arp Locarno, mit dem Nachlass Julius Bissier in Ascona oder mit dem Museo d'Arte Mendrisio. Die Zusammenarbeit mit der Fondation Théodore Strawinsky setzt diese Reihe fort. Wobei dies nicht nur eine Fortsetzung ist, sondern auch eine besondere Würdigung der wissenschaftlichen Arbeit der Fondation Théodore Strawinsky, die in vorbildlicher Weise das Werk des Künstlers erforscht und zugänglich macht.

Ein weiterer Grund, Théodore Strawinsky in Appenzell zu zeigen, hat allerdings auch mit seinem Vater zu tun; das musikalische Werk Igor Strawinskys stand schon lange auf der Wunschliste unseres musikalischen Intendanten Martin Lucas Staub, der die seit 2003 in der Kunsthalle Ziegelhütte, dem zweiten Haus der Heinrich Gebert Kulturstiftung, laufende Konzertreihe organisiert. Nun kann – leider nur an einem Abend – die kammerspielartige Aufführung der «Histoire du Soldat» erlebt werden, während im Kunstmuseum das Aquarell zu bewundern ist, in dem der 11jährige Théodore die Uraufführung des Musiktheater-Werks festhielt.

Dieses Frühwerk ist Start- und Endpunkt unserer Ausstellung, die mit mehr als 120 Werken, Gemälden, Pastellen, Skizzen, Bühnenentwürfen usw. ein Œuvre vorstellt, das von einer seltenen Sensibilität kündet:

Das *Lied der Stille* klingt hoffentlich in vielen Menschen nach. Als Partitur für diesen Nachklang haben wir das Ausstellungsbuch gestaltet, das in thematischen Kapiteln mit viel Bildern und wenig Worten das malerische Werk vorstellt.

Wir danken der Fondation Théodore Strawinsky Genève, deren Zustimmung zum Projekt und zu den Leihgaben die Ausstellung erst ermöglichte. Ganz besonders danke ich den beiden Stiftungsräten Margrith Wipf-Fornaro und Philippe Lüscher, Direktor des Musée de Carouge, die in jedem Moment mit Rat und Tat zur Seite standen. Und ein herzlicher Dank geht an Sylvie Visinand, der Archivarin der Fondation, die nicht nur organisatorische Aufgaben und Probleme löste, sondern auch inhaltliche Fragen klärte.

Von Herzen danken wir auch den privaten Leihgebern, die an dieser Stelle nicht namentlich genannt sein wollen.

Dem Verlag Gerhard Steidl Göttingen danke ich, dass er diese Publikation in sein Buchprogramm aufgenommen hat – vielleicht auch, weil Théodore Strawinsky Coco Chanel zumindest flüchtig kannte. Dem Buchdesigner Bernard Fischer danke ich für die hervorragende Umsetzung unserer Gestaltungsideen.

Und wie immer danke ich meinem Team, ohne dessen Energie und Einsatz wir meist nur weisse Wände zeigen würden.

Dr. Roland Scotti, Kurator
Heinrich Gebert Kulturstiftung Appenzell

Selbstbildnis, 1934
Öl auf Leinwand, 92 x 73 cm

Die Familie, 1940
Öl auf Leinwand, 116 x 89 cm

PORTRÄT, FAMILIE, GRUPPENBILDNIS

Die Ausstellung *Théodore Strawinsky – Lied der Stille* begrüsst die Besucher im ersten Raum mit dem grossformatigen Gemälde *Die Familie*, 1940. Im Gegensatz zur naheliegenden Vermutung zeigt das Bild nicht die eigene Familie Théodore Strawinskys, sondern – unabhängig von der Darstellung realer Personen – ein Idealbild einer Kleinfamilie: Mutter, Vater und Kind. Strawinsky gibt aber keine beschönigte, sentimentalistische Version wieder, sondern entwirft eine nüchterne, sachliche Darstellung, die nicht ausschliesslich vom Hauptmotiv selbst handelt.

Gleichwertig wird das Bild als Malerei, als im positiven Sinne l'art-pour-l'art thematisiert: Im Vordergrund das «Stillleben», im Mittelgrund das «Gruppenbildnis», im Hintergrund mit Hauswand, Treppengeländer, Fensterladen, Kellerfenster und Vorhang eine strenge Farbkomposition, welche den farblichen und geometrischen Aufbau der Gesamtkomposition reflektiert. Deutlichster Verweis auf eine Bildinszenierung ist der geraffte, rote «Bühnenvorhang» rechts (der auch in den Zirkusbildern «eingesetzt» wird). Spätestens seit der Renaissance wird der rote Vorhang als mehrdeutige Requisite genutzt – einerseits als Versatzstück, das mitteilt, dass der Künstler einen Schleier lüftet, etwas vorzeigt, ausstellt; andererseits – vor allem in Herrscherbildnissen – als Ehrenbaldachin. Die «einfache» Familie wird in diesem Sinne im Bild von Strawinsky als historisch bedeutungsvoll enthüllt. Der Rundgang durch das Werk Théodore Strawinskys beginnt mit diesem zentralen Werk, da in ihm biographische und künstlerische Konstanten anklingen, die das Leben und Schaffen des Künstlers prägten: biographisch die Grossfamilie Strawinsky, die Entourage des Vaters Igor Strawinsky, die eigenen Freunde und Bekannten; künstlerisch die Motivik Porträt und Stillleben sowie die Zuordnung des eigenen Kunstwollens zur europäischen Tradition der Kunst. Letztere wiederum wird als Fundus genutzt, den der Künstler in eine eigenständige Bildsprache übersetzt, eine reduzierte, aber nie abstrakte Sprache, die sich auf Wesentliches konzentriert: Farbe, Kompositionsstruktur, Plastizität. Hier zeigt sich die Verwandtschaft Strawinskys zu Künstlern wie den Schweizern René Auberjonois oder Félix Vallotton oder den deutschen neusachlichen Malern Alexander Kanoldt oder Georg Schrimpf.

Das Selbstporträt aus dem Jahr 1934, das den Künstler als stehende Halbfigur präsentiert, kündet vom Selbstbewusstsein des knapp 27jährigen: Ich stehe hier und schaue mir die Welt an, die ich wiedergeben werde! Mutiger noch erscheint die «kühne Farbigkeit» des Gemäldes, der Dreiklang aus Schwarzviolett, Orangebraun und Ockergelb bis Ockerrosa. Das ist ein malerisches Statement.

Die Bildnisse der engeren Familienmitglieder, der Eltern Catherine und Igor Strawinsky, der Geschwister Ludmila, Milène und Soulima, der Ehefrau Denise, zeigen den Porträtisten als einfühlsamen, aber auch kalkulierenden Registrator des Gegenübers. Strenge, fast graphische, ganz eindeutig auf (gesellschaftliche) Repräsentation zielende Bildnisse wie jene der Eltern aus dem Jahr 1925 werden abgelöst von lebendiger, unmittelbarer erscheinenden Werken wie den Porträts der Schwester Milène oder jenen von Denise Strawinsky. Jenseits einer psychologisierenden Betrachtungsweise erscheint, wenn man die Porträts von Freunden und Bekannten hinzunimmt, eine Vorliebe Strawinskys: die Lust an der Wiedergabe, an der Gestaltung von Stoffen. Die Materialität der Kleidung, die Muster, die Faltenwürfe, die Transparenz, die Steifheit oder auch die Souplesse faszinierten den Künstler; man betrachte Werke wie die Porträts der beiden Damen Arlette Marchal und Madame Jacques Rouvier (beide 1935), aber auch das weit weniger mondäne Bildnis von Jacqueline Mestral (1933). Die Stofflichkeit spiegelt einerseits die epochen- und gesellschaftsbedingte Raffinesse der Kleidung, die ja auch Mittel der Selbstdarstellung war; anderseits wird sie genutzt, um die Oberflächentextur der Malerei, genauer der Leinwand zu differenzieren.

Weiterführende Literatur
Yvonne Schütze, *Kleidung als und im Kunstwerk des 20. Jahrhunderts unter sozialtheoretischer Perspektive*, Wuppertal 1998 (Inauguraldissertation)
Torsten Krämer, *Porträtmalerei, Werkbetrachtung von der Antike bis zur Gegenwart*, Stuttgart/Leipzig 2010
Philippe Zitzlsperger (Hg.), *Textile Studies 1: Kleidung im Bild: Zur Ikonologie dargestellter Gewandung*, Berlin 2010
Alice Thaler, *Von ontologischen Dualismen des Bildes; Philosophische Ästhetik als Grundlage kunstwissenschaftlicher Hermeneutik*, Zürich 2015

Bildnis Igor Strawinsky, Vater des Künstlers, 1925
Öl auf Leinwand, 46 x 38 cm

Bildnis Catherine Strawinsky, Mutter des Künstlers, 1925
Öl auf Leinwand, 46 x 38 cm

Porträt Tania Strawinsky, Schwester des Künstlers, 1925
Öl auf Leinwand, 46 x 38 cm

Bildnis Soulima Strawinsky, 1933
Öl auf Leinwand, 92 x 65 cm

Porträt Milène Strawinsky (Schwester des Künstlers), 1935
Öl auf Leinwand, 73 x 60 cm

Porträt «Nini» (Soulima Strawinsky, Bruder des Künstlers), 1923
Öl auf Leinwand, 46 x 38 cm

Porträt «Mika» (Ludmila Strawinsky, Schwester des Künstlers), 1922
Öl auf Leinwand, 41 x 33 cm

Denise Strawinsky (Der gelbe Turban), 1944-1945
Öl auf Pavatex, 41 x 33 cm

Porträt G. M. (Georges Moos), 1944
Öl auf Malkarton, 41 x 33 cm

Porträt Igor Strawinsky, 1963
Lithographie auf Papier, 61 x 45 cm

Porträt Charles-Ferdinand Ramuz, 1932
Bleistift auf Papier, 30,5 x 22 cm

Porträt Robert Melley, 1936
Öl auf Leinwand, 100 x 73 cm

Porträt Domenico de Paoli, 1934
Öl auf Leinwand, 65 x 54 cm

Porträt Frau Jacques Rouvier, 1935
Öl auf Leinwand, 92 x 73 cm

Porträt Arlette Marchal, 1935
Öl auf Leinwand, 116 x 89 cm

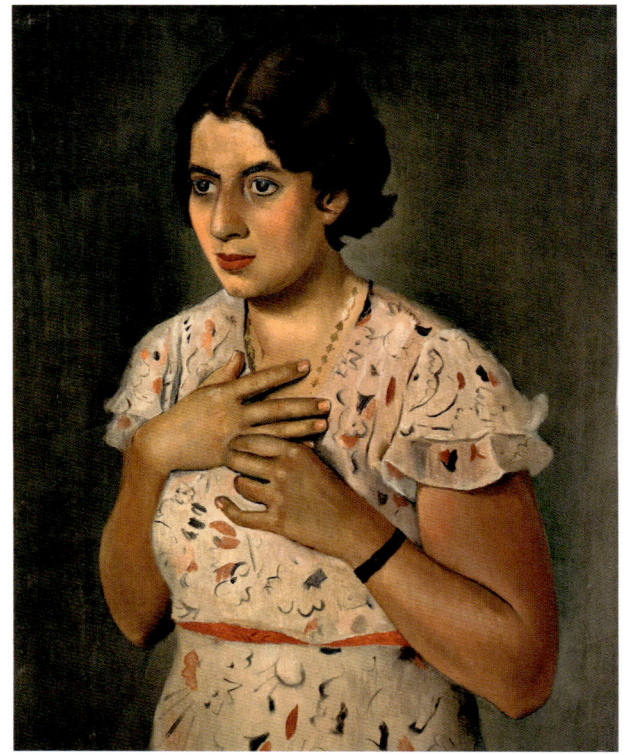

Ohne Titel (Das Mädchen vom Land), 1942
Öl auf Leinwand, 81 x 65 cm

Porträt Fräulein Jacqueline Mestral (Frau Langmann), 1933
Öl auf Leinwand, 75 x 59 cm

Mädchen mit rotem Pullover, undatiert
Pastell auf Papier auf Papier, 34 x 28 cm

Margot und ihre Mutter, 1965
Pastell auf Papier auf Papier, 96 x 63 cm
Privatsammlung

Ohne Titel (Zirkusszene), undatiert
Aquarell und Bleistift auf Papier, 24,5 x 31,5 cm

SOLDATEN UND MUSIK

Die Kinderzeichnungen Théodore Strawinskys zeigen das ausserordentliche Talent des Jungen, der sich die Welt mit dem Stift und der Aquarellfarbe aneignete. Darüber hinaus sind sie auch ein Beleg für die Zeitgeschichte, ein Stimmungsbild der Schweiz im 1. Weltkrieg, und die Biographie des Kindes, das die Aufführungen der Musikwerke des Vaters Igor Strawinsky miterlebte – und festhielt. Aus der kulturgeschichtlichen Perspektive betrachtet, kann man sie auch als ein Dokument dafür werten, wie hoch die Kulturtechnik des Zeichnens, der Wiedergabe des Gesehenen mit dem Bleistift, noch zu Beginn des 20. Jahrhunderts angesiedelt war – nicht nur im schulischen, sondern auch im privaten Milieu.

Bemerkenswert bleibt die Komplexität der kindlichen Bilderwelt Strawinskys. Beobachtete Strassenszenen in Morges/Waadt stehen neben Schlachtenbildern, deren Vorlagen der Knabe vielleicht in illustrierten Zeitungen fand oder die er aus der Phantasie «rekonstruierte»; Porträtgalerien von Militärs oder Politikern korrelieren mit der Freude an der Darstellung von Automobilen. Immer überrascht der Detailreichtum der Darstellungen, der Blick für die besondere Struktur einer Landschaft oder eines Interieurs, die Genauigkeit der zeichnerischen Konstruktion innerhalb der einzelnen Komposition, das Gefühl für eine richtige Platzierung des Objektes auf dem Zeichenblatt – und gelegentlich der Sinn für dramatische Steigerungen des Dargestellten durch die Farbgebung.

Ein Ausnahmewerk ist das Aquarell *Erstaufführung der Histoire du Soldat*, das der knapp 11jährige Théodore Strawinsky nach der Uraufführung des Musiktheater-Werks von Igor Strawinsky malte. Diese hatte am 28. September 1918 im Théâtre Municipal in Lausanne stattgefunden. Théodore Strawinsky, der wohl in einer der Logen sass, gibt eine überbordende Ansicht der Aufführung, die man auch als historisches Dokument lesen kann: So zeigt er den Erzähler der Geschichte am Bühnenrand, das kleine Orchester und das vom Maler René Auberjonois entworfene Bühnenbild mit der Walfischjagd.

Weiterführende Literatur
Jean-Jacques Langendorf, *Ernest Ansermet, Une vie de musique*, Lausanne 2004 (= *Collection Le Savoir suisse, Figures*)
Maureen Carr (Hg.), *Stravinsky's Histoire du Soldat, A Facsimile oft he Sketches*, Middleton/Wisconsin 2005
Maria Heilmann, Nino Nanobashvili, Ulrich Pfisterer, Tobias Teutenberg (Hg.), *Lernt Zeichnen! Techniken zwischen Kunst und Wissenschaft / 1525–1925*, Passau 2015

Ohne Titel (Strassenszene), 1916
Aquarell und Bleistift auf Papier, 25 x 38 cm

Ohne Titel (Der Bahnhof in Morges), 1916
Aquarell und Bleistift auf Papier, 25 x 29 cm

Ohne Titel (Kriegsszene), 1915
Aquarell und Bleistift auf Papier, 19 x 25 cm

Ohne Titel (Zeremonie), 1917
Aquarell und Bleistift auf Papier, 72 x 51 cm

26

Die Erstaufführung der «Histoire du Soldat», 1918
Aquarell und Bleistift auf Papier, 34,5 x 43,5 cm
Privatsammlung

Die Arve bei Carouge, 1946
Öl auf Leinwand, 60 x 92 cm

LANDSCHAFTEN

Die Landschaftsgemälde Théodore Strawinskys zeigen tatsächlich viele der Aufenthaltsorte der Grossfamilie Strawinsky – meist in stilisierter, auf das Wesentliche reduzierter Form. Werke wie die *Arve bei Carouge* (1946) oder der *Glockenturm von Yvoire* (1939) zeigen Ansichten der Orte, die man auch heute noch fotografieren könnte – wenn man denn einen unspektakulären, einen nicht touristisch lauernden Standpunkt einnimmt. Dem gegenüber stehen Gemälde wie die *Komponierte Landschaft* (1941; auch: *Die Strasse*), in denen der Künstler spannungsreiche Landschaften aus verschiedenen Teilen zusammenfügt. Auch da kann man reale Orte erkennen (hier: Villemur-sur-Tarn). Strawinsky vermittelt mit der Titelgebung die künstlerische Methode, welche aus der sichtbaren Wirklichkeit ein neues, ein ästhetisches Bild erschafft. Deutlich wird dieser verfremdende, das Sichtbare in eine reflektierte Bildkomposition überführende Zugriff auf die Realität in dem Bildpaar *Blick aus meinem Fenster, Genf* (1944) und *Baustelle im Quartier Malagnou/Blick aus meinem Fenster, Chemin de la Florence* (1953). Beide Gemälde zeigen das Unmittelbare, den Blick aus einem Atelierfenster. Während das 1944 gemalte Bild mehr oder weniger naturalistisch erscheint, wirkt das neun Jahre später gemalte Werk vielansichtig, wie eine kubistische Komposition oder wie eine in mehreren Spiegeln fragmentierte Sicht auf die Aussenwelt. Die scheinbare stilistische Unterschiedlichkeit löst sich auf, wenn die Kompositionsstruktur beider Bilder verglichen wird. In beiden Ausblicken konstruiert Strawinsky nach einem ähnlichen linearen und stereometrischen Schema urbane Landschaft – einmal als beschwingte Idylle, einmal als fortwährenden Umgestaltungsprozess.

Weiterführende Literatur
Nils Büttner, *Geschichte der Landschaftsmalerei*, München 2006.

In der Umgebung von Annemasse, Frankreich, 1937
Öl auf Leinwand, 46 x 55 cm

Menthon Saint Bernard, Frankreich, 1928
Öl auf Leinwand, 60 x 73 cm

Landschaft, 1944-1945
Öl auf Malkarton, 24 x 33 cm

Der Genfer See bei Yvoire, 1939
Öl auf Leinwand, 33 x 41 cm

Der Glockenturm von Yvoire, Frankreich, 1939
Öl auf Leinwand, 35 x 27 cm

Aus meinem Fenster, Genf, 1944
Öl auf Malkarton, 73 x 60 cm
Privatsammlung

Baustelle im Quartier Malagnou / Blick aus meinem Fenster, Chemin de la Florence, 1953
Öl auf Malkarton, 55 x 46 cm

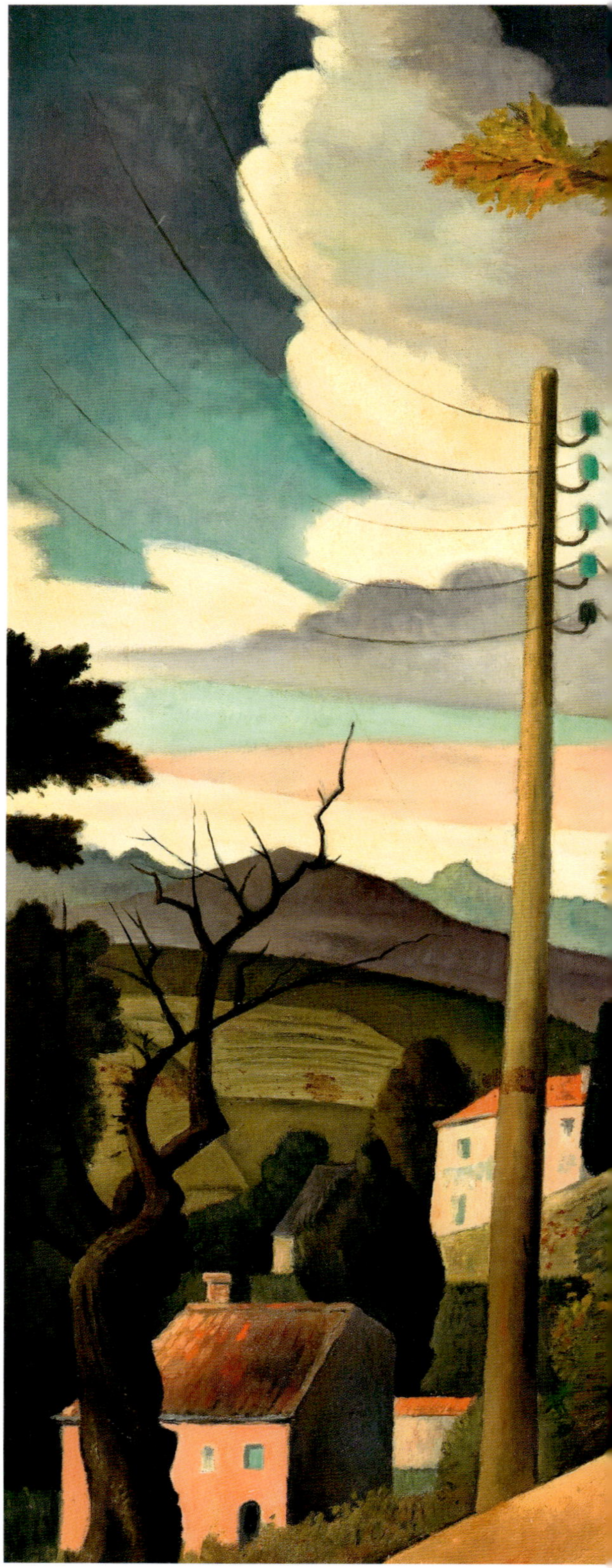

Komponierte Landschaft (Die Strasse), 1941
Öl auf Leinwand, 81 x 100 cm

Weiblicher Akt, 1935
Öl auf Leinwand, 116 x 89 cm

AKT

Die gemalten Akte Strawinskys, im gesamten Œuvre zahlenmässig eher wenige, zeigen ihn als Künstler, der die klassischen Genres der Malerei durcharbeitete. Zugleich dienen sie – von heute aus gesehen – als Beleg seiner letztlich traditionellen und handwerklichen Ausbildung, in der das Studium vor der Natur oder eben «nach dem menschlichen Modell» einen zentralen Ort einnahm.

Im Gegensatz zum tradierten, an der griechischen Antike orientierten Kanon der Darstellung des nackten Körpers, der grundsätzlich ein abstrahiertes Idealbild favorisierte, zeigt Strawinsky aber zeitgenössische, entkleidete Menschen. Selbst der *Stehende Akt* aus dem Jahr 1935, der an die Quellenbilder von Jean-Auguste-Dominique Ingres erinnern mag, zeigt eine moderne Frau in einem zeitgenössischen Interieur. Die klassizistische Stilisierung verdankt sich sicher dem Einfluss der Malschule von André Lhote, ebenso wie die verhalten kubistische Anlage der Gesamtkomposition. Beide Stilmittel verhindern auch eine erotische Aufladung der Aktbilder: Sinnlichkeit resultiert in den Akten Strawinskys weniger aus der Körperlichkeit als aus der Farbgebung.

Die beiden liegenden Akte aus den Jahren 1946 und 1950 zeigen die für Strawinsky typische Kombination naturalistischer Wiedergabetechniken mit einer aus der Eigengesetzlichkeit der Farbe entwickelten Formensprache. Hier schliesst der Künstler an die von Paul Cézanne begründete, malerische Traditionslinie an: Das Gemälde bildet Wirklichkeit nicht ab, sondern rekonstruiert diese, erschafft eine «neue», eine eigenwertige Realität.

Besonders deutlich wird dies in dem Bilderpaar *Das Modell I + II (Aktstudien)* aus dem Jahr 1948. Im Grunde sind diese Gemälde keine Aktstudien, sondern Untersuchungen, wie unterschiedliche Farbklänge und Lichtführungen das mehr oder weniger gleiche Motiv in seiner Gesamtwirkung, in seiner Stimmung verändern können. Strawinsky, der kein Theoretiker, kein konzeptueller Künstler war, arbeitete dennoch systematisch – er erprobte seine künstlerischen Methoden oder Vorgehensweisen am Gegenstand der Darstellung, in diesem Fall eben dem weiblichen Modell.

Die *Junge Frau*, 1948/49, zeigt als Bild-im-Bild, in der Kombination von Aktbild und Stillleben, fast programmatisch den ästhetischen Zugriff Strawinskys auf die realen Dinge: im (verschatteten) Hintergrund auf einer Staffelei stehend das bläulich erscheinende Stillleben mit Blumenvase, im Mittelgrund auf dem Querbord der Staffelei eines der Werkzeuge des Malers, eine Palette, im Vordergrund der (beleuchtete, ins Licht gestellte) Mädchenakt. Strawinsky gestaltet aus Kontrasten – Flächig-Körperlich, Hell-Dunkel, Kalt-Warm, Gerade-Geschwungen, Statisch-Dynamisch usw. – eine Bild-Welt, in der die Gegensätze sich berühren, teils durchdringen, sich auf jeden Fall in einer gestalteten Harmonie nicht unbedingt auflösen, sondern ausgleichen.

Weiterführende Literatur
Kenneth Clark, *The Nude, an Essay in Ideal Form*, Princeton University Press, 1984 (1. Aufl. 1956)
Frances Borzello, *The Naked Nude*, New York 2012

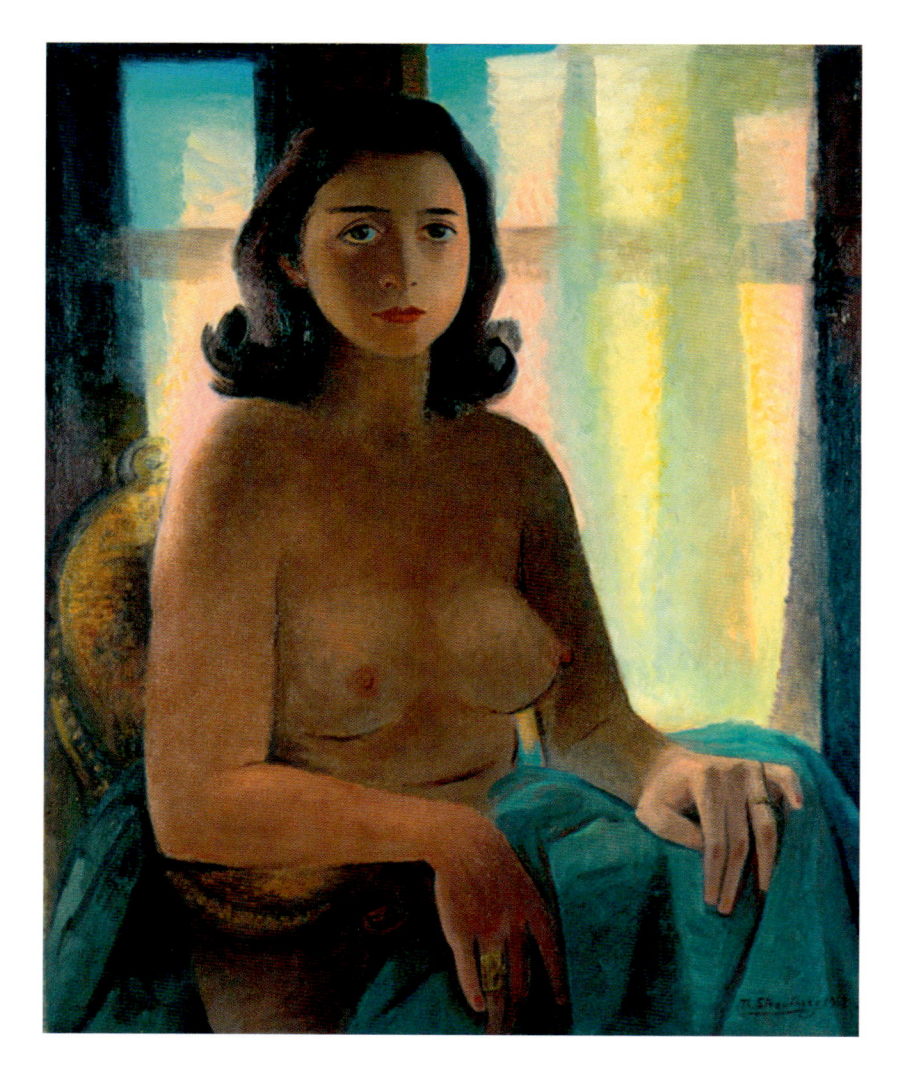

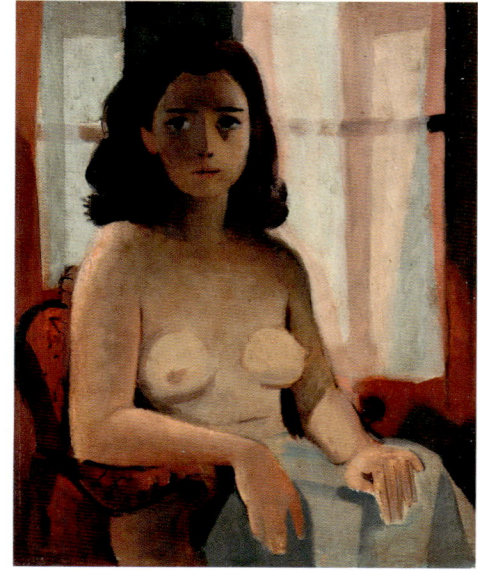

Das Modell II (Aktstudie), 1948
Öl auf Leinwand, 81 x 65 cm

Aktstudie II (Das Modell), 1948
Öl auf Pavatex, 41 x 33 cm

Junge Frau, 1948-1949
Öl auf Leinwand, 92 x 65 cm

Liegender Akt, 1950
Öl auf Leinwand, 81 x 130 cm

Lesender Akt (Liegender Akt), 1946
Öl auf Leinwand, 46 x 61 cm

Figuren am Flussufer, 1937
Öl auf Leinwand, 73 x 92 cm

AUSFLÜGLER UND WÄSCHERINNEN

Im Gesamtwerk von Théodore Strawinsky machen die Genrebilder, die Darstellung von Alltagsszenen, nur einen Bruchteil aus, zeigen den Künstler aber sowohl als genauen Beobachter der Realität wie auch als Erfinder allegorischer Szenen. Ein Gemälde wie *Menschen am Flussufer* aus dem Jahr 1938 mag als Darstellung eines Familienausflugs gelesen werden, es könnten auch «Saltimbanques» (Gaukler) sein. Aber vielleicht sieht man auch ein Landschaftsbild, in das eine exemplarische Menschengruppe eingeschrieben wurde – eine Gruppe, die in einer natürlichen «Arena», begrenzt durch die Biegung des Flusses, steht oder sitzt. Alle – ausser dem kleinen Mädchen links und dem Eichhörnchen rechts, welche die Betrachter anschauen – blicken auf etwas, das, ebenso wie die Betrachter, ausserhalb des Bildes liegt, vielleicht auf weitere, faktisch abwesende Personen, vielleicht auf eine gänzlich andere Landschaft, möglicherweise auf ein Boot, das sie abholen wird?

Die weiblichen Figuren, alte Frau und kleines Mädchen, werden malerisch zusammengefasst, verschmelzen fast ineinander; die männliche Gruppe rechts, Mann mit Eichhörnchen und flötenspielender Junge, bleibt aufgeteilt in Einzelfiguren: Nähe und Distanz, Aktivität und Passivität, Kommunikation und Isolation, Natur und Kultur scheinen unterschwellige Themen des Bildes zu sein.

Ebenso, im ikonologischen Sinn, rätselhaft erscheint der Lebensmittelladen (1932). Alles, was der Künstler zeigt, ist vertraut und benennbar. Das Gesamtbild erinnert zudem an Fotografien von Henri Cartier-Bresson, in denen der «entscheidende Augenblick» banaler Pariser Strassenszenen festgehalten wurde – allerdings so, als wären zwei «Augenblicke», zwei Bilder miteinander verbunden worden: die Ansicht eines Geschäfts von aussen und die Darstellung einer Familie vor einem Haus.

Selbst die *Frau mit Zitronen* (1938) scheint zur Skulptur geworden zu sein – wie fotografische, aus einem Kontinuum herausgelöste Momentaufnahmen Menschen öfters «gefrieren» lassen. Strawinsky formt aber kaum eine Fotografie; er gestaltet eine vollkommene, eine in sich ruhende bildnerische Situation. Der Moment des städtischen Alltags wird zu einem Bild der zeitgenössischen «Schönheit».

Das Gemälde *Die Wäsche* (1932; auch *Waschtag* oder *Wäscherinnen*) zeigt zusammen mit der in der Ausstellung vertretenen *Studie*, wie aufwändig Théodore Strawinsky seine Bilder zu Alltagsszenen vorbereitete. Aus den verschiedensten Mimik-, Bewegungs- und Farbstudien konstruierte er letztlich eine scheinbar selbstverständliche Szene, die je genauer man sie anschaut umso tiefgründiger erscheint. Schon die kompositorische Anlage in zwei Dreiecken – einmal flächig von der linken Bildecke unten über die Spitze des Holzpfeilers bis zur rechten unteren Bildecke; einmal räumlich von den hinteren Figuren bis zur im Mittelpunkt stehenden Figurengruppe – verweist auf ein symbolisches Arrangement, in dem es, jenseits von psychologisierenden Kriterien, um Erhabenheit und Würde geht.

Weiterführende Literatur
Roald Hoffmann / Iain Boyd Whyte, *Das Erhabene in Wissenschaft und Kunst: Über Vernunft und Einbildungskraft*, Berlin 2010

Ohne Titel (Der Lebensmittelladen), 1932
Öl auf Leinwand, 60 x 73 cm

Die Frau mit Zitronen, 1938
Öl auf Leinwand, 92 x 65 cm

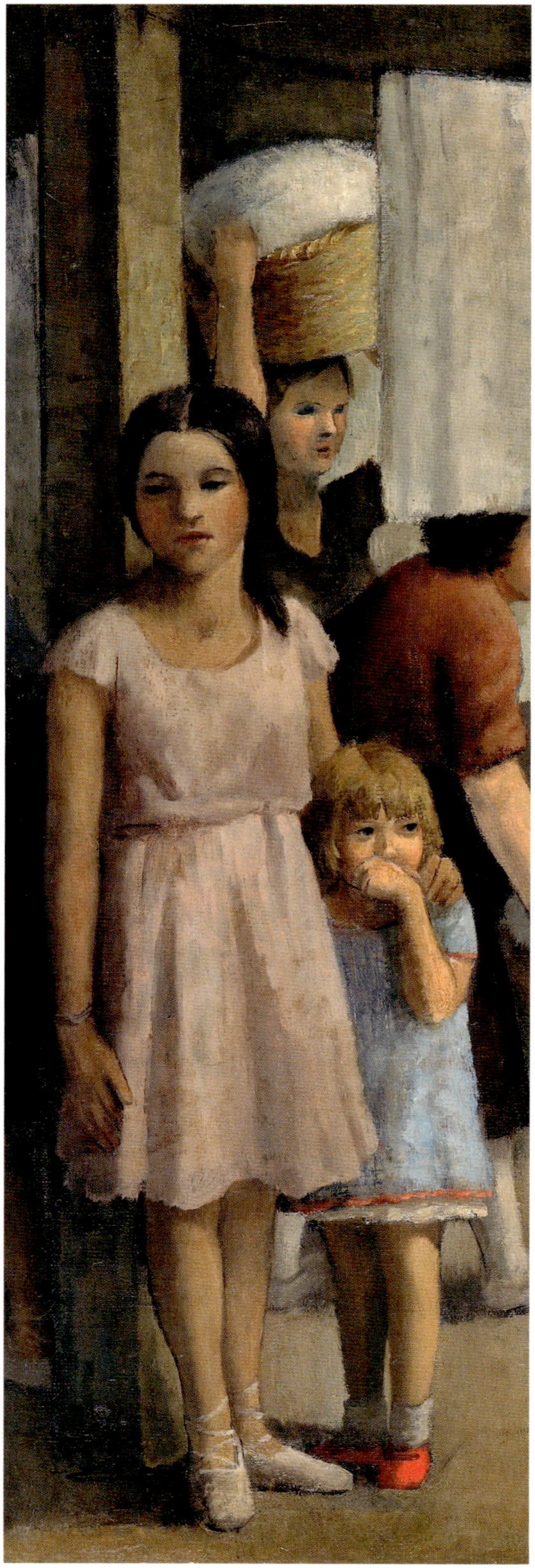

Studie für «Die Wäsche», 1932
Öl auf Malkarton, 41 x 33 cm
Privatsammlung

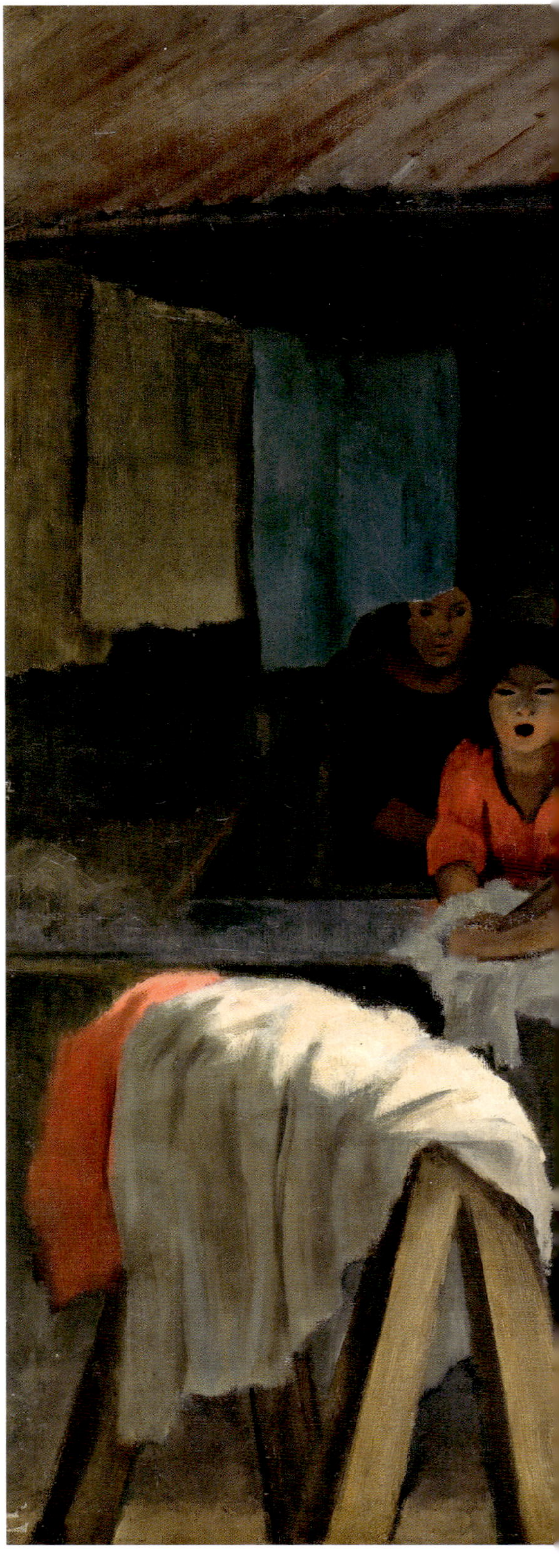

Die Wäsche (Die Wäscherinnen), 1932
Öl auf Leinwand, 73 x 92 cm

Der Zirkus, 1945-1950
Öl auf Leinwand, 150 x 125 cm

AKROBATEN, TÄNZERINNEN UND CLOWNS

Zwischen 1930 und 1950 greift Théodore Strawinsky immer wieder das Thema Zirkus auf, sowohl in der Druckgraphik, Zeichnung wie auch in der Malerei. Seine Jugenderlebnisse bei den Aufführungen der musikalischen Bühnenwerke seines Vaters Igor mögen seine Affinität zu diesem Genre geprägt haben, wichtiger dürfte sein, dass der «Circus» beziehungsweise die Darstellung der Artisten in der Kunst des 19. und des 20. Jahrhunderts eine besondere Rolle spielt.

Die erst Ende des 18. Jahrhunderts in Europa aufkommenden Wanderzirkusse galten als Wunderkammern des Exotischen, Libertinären und Kreativen – und einige, eher die an festen Orten auftretenden Zirkustruppen wie jene des Pariser Cirque des Champs-Élysées beriefen sich auf Vorbilder aus der Geschichte des Theaters; bspw. die Commedia dell'Arte mit den komplex kodifizierten Figuren wie Arlecchino, Brighella, Colombina oder den Vecchi. In der Nachfolge der literarischen Romantik wird ab der Mitte des 19. Jahrhunderts das Bild der Gaukler und der Clowns vor allem in Frankreich metaphorisch genutzt, u.a. bei Théophile Gautier oder Charles Baudelaire bis hin zu Guillaume Apollinaire. Die «Artisten» werden auf der einen Seite zu Identifikationsfiguren der literarischen, musikalischen und künstlerischen Bohème; auf der anderen Seite werden sie zu einem Widerbild der materiellen, industriellen Gesellschaften. Besonders in der Bildenden Kunst werden Szenen aus der Wirklichkeit des Zirkuslebens zu manchmal fröhlichen, oft auch melancholischen Sinnbildern des Welttheaters verdichtet. Das beginnt bei Gustave Doré und setzt sich fort in malerischen Hauptwerken von Georges Seurat, Henri de Toulouse-Lautrec, Fernand Léger, Pablo Picasso, Marc Chagall, Ernst Ludwig Kirchner und Max Beckmann.

Théodore Strawinsky knüpft an diese bildnerischen Traditionen an, verwandelt die an sich so dynamische, von Bewegung, Veränderung und Interaktion lebende Zirkuswelt aber in seltsam statische Figurenkompositionen. Wichtige Protagonisten der Manege werden wie in einer Fotografie, die in einer Auftrittspause entstand, (vor-) gezeigt: Musiker, Trapezakrobaten, Kunstreiterinnen, Tierschauen mit Elefanten und Pferden, «exotische» Menschen, Tänzerinnen, gelegentlich auch Zirkusbesucher und – vor allem – Pierrot.

Der Harlekin beziehungsweise der Weissclown – der «Gebildete» unter den Zirkusfiguren, der meist auch mehrere Musikinstrumente virtuos beherrscht, wird zu einer Leitfigur im zirzensischen Universum Strawinskys.

Trotz des ersten Eindrucks einer Bewegungslosigkeit der Zirkusdarstellungen Strawinskys entdeckt man auf den zweiten Blick eine Vielfalt von Gesten, Blicken und Haltungen der Figuren, aber auch ein dichtes Gewebe von kompositorischen Querbeziehungen – zwischen Farben, zwischen geraden, diagonalen oder geschwungenen Linien, zwischen eckigen und runden Körpern. Strawinsky verzichtet bewusst darauf, die Hektik, die Atmosphäre eines Auftritts, einer flüchtigen Sensation nachzuvollziehen, bildnerisch vorzutäuschen.

Der Maler präsentiert als Regisseur die Zirkuswelt - seine künstliche und künstlerische Inszenierung: Wir als Teilnehmer des ästhetischen Prozesses – ganz klar angesprochen durch den Blickkontakt mit einigen gemalten Figuren – sehen eben nicht eine Aufführung, sondern wir betrachten ein Gemälde. Wir bestaunen nicht das artistische Können der Akrobaten, sondern die Fähigkeit des Künstlers, mit reduzierten, aber sehr differenziert eingesetzten Mitteln eine sinnliche Welt zu evozieren – in der wir Musik hören, ohne dass ein Instrument gespielt wird. Die Zirkusbilder Strawinskys sind ebenso wie seine Genrebilder kunsthistorisch an der Schnittstelle zwischen Neuer Sachlichkeit und Magischem Realismus zu verorten.

Weiterführende Literatur
Jörn Merkert (Hg.), *Zirkus Circus Cirque*, Nationalgalerie Berlin, Berlin 1978
Robert F. Storey, *Pierrots on the stage of desire, Nineteenth-century French literary artists and the comic pantomime*, Princeton, 1985.
Olivier Bara, Auriol, ou de l'usage romantique du clown: Gautier, Banville, Baudelaire et le rire du cirque, in: *Revue de lectures et d'études vallésiennes* [Sainte-Étienne], 2012, S. 81-93.
Markus Müller, *Der Künstler als Gaukler*, München 2006
Isabell Schenk-Weininger (Hg.), *Hereinspaziert! Zirkus und Jahrmarkt von Macke bis Matisse*, Städtische Galerie Bietigheim-Bissingen, Bietigheim-Bissingen 2012.
Nadine Steinacker, *Vom Zauber der Manege, Zirkuswelten in der Kunst des 20. Jahrhunderts*, Kunstbaus Apolda, Weimar, 2013

Roter Pierrot, 1930
Öl auf Leinwand, 22 x 16 cm

Pierrot, 1930
Öl auf Malkarton, 24 x 19 cm

Zirkuskulissen, 1934
Öl auf Leinwand, 130 x 89 cm

Tänzerin in Rosa, 1933
Öl auf Leinwand, 130 x 89 cm

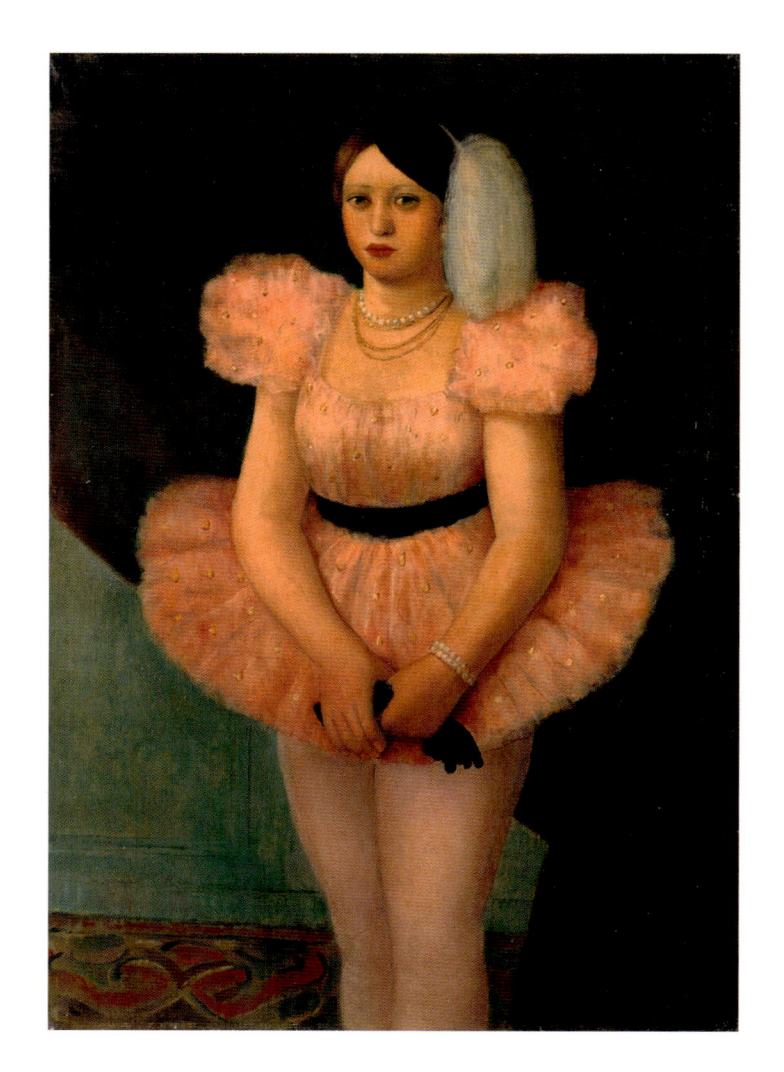

Ohne Titel (Tänzerin), 1934
Öl auf Leinwand, 162 x 97 cm

Der Zirkus, 1935
Öl auf Leinwand, 274 x 246 cm
Musée d'art et d'histoire, Neuchâtel
[nicht in der Ausstellung]

Die Musikstunde, 1950
Öl auf Leinwand, 130 x 97 cm

Komposition, 1945
Öl auf Karton, 100 x 81 cm

Ohne Titel (Studienblatt mit Stillleben und Tieren), undatiert
Bleistift auf Papier, 36 x 31 cm

STILLES LEBEN

Eine Werkgruppe umfasst die gesamte Dauer und alle Techniken der künstlerischen Tätigkeit Théodore Strawinskys: das Stillleben. Schon das erste *Stillleben* aus dem Jahr 1921, also gemalt von einem 14jährigen, zeigt den besonderen Blick, das eigentliche Interesse des Künstlers. In einem Interieur, das angedeutet, nicht näher definiert wird, stehen und liegen auf einem weissen Tischtuch Gegenstände und Obst. Von links nach rechts ein schwarzer Holzschuh, ein metallenes Eimerchen mit Deckel und Henkel, ein glasierter Tonkrug mit Deckel, ein kleiner weisser Porzellanteller mit vier Äpfeln (?), dahinter eine gegen die Wand gekippte Zink- oder Eisenwanne – ein Nebeneinander von Alltagsgegenständen ohne eine tradierte, eine übergeordnete symbolische Bedeutung. Das additive Arrangement – wenn man annimmt, dass Strawinsky die Dinge eigens auf den Tisch gestellt hat, um sie zu malen – dient vor allem dazu, die Oberflächentextur der Materialien Holz, Metall, gebrannte Erde, Obstschale und ihr Spiel mit dem Licht einzufangen. Besonders reizvoll ist dabei der kreisrunde spiegelnde Boden der Wanne, der innerhalb des figurativen Bildgefüges eine mehr oder weniger abstrakte, von der Form losgelöste Pinselführung erlaubt. Ein Vergleich mit dem bedeutend später entstandenen Gemälde *Stillleben mit Johannisbrotfrüchten* zeigt, dass Strawinsky die Methode, einfache Ding-Arrangements allein durch die gestalterische Behandlung zu transformieren, vielleicht gar zu transzendieren, immer weiter vervollkommnete. Wobei die Gestaltung tatsächlich bereits während der Zusammenstellung der realen Dinge auf einem spezifischen Träger (Tisch, Tablett usw.), in einer ausgewählten Raumsituation (in einer Ecke, vor einem Fenster usw.), in einer pointierten Beleuchtung mit Kunst- oder Tageslicht beginnt. Der eigentlich malerische Prozess fängt mit der Wahl des Standpunkts an – ob das Sujet in Untersicht, in Aufsicht oder als Gegenüber wiedergegeben wird.

Nach diesen grundlegenden Entscheidungen ordnet Théodore Strawinsky die gebaute Wirklichkeit auf der Bildfläche neu: durch ein Liniengefüge, das die Ruhe der Komposition unterstreicht, manchmal auch konterkariert; durch eine farbliche Akzentuierung, die Lokalfarben nutzt, um innerhalb des Rechtecks, des Bildformats Rhythmen, Synkopen und Farbmelodien zu erzeugen. In der Gattung «Stillleben» malt Strawinsky Wirklichkeit und reflektiert die Möglichkeiten moderner figurativer Malerei.

In dieser Konsequenz – der phänomenologischen, mithin systematischen Untersuchung der Darstellungsmöglichkeiten der Malerei an einem Sujet – ist Strawinsky in der modernen Kunst nur mit Giorgio Morandi vergleichbar. Im Gegensatz zu diesem Maler, der das Stillleben fast existentialistisch reduzierte, feiert Strawinsky die Vielfalt des Lebens, zumindest jener der sinnlichen Wahrnehmung. Sehen, Tasten, Hören, Riechen, selbst Schmecken werden von seinen Stillleben angeregt – vielleicht ist dies die wesentliche Bedeutung dieser Werkgruppe. Sie verweist auf Nichts als auf die menschlichen Sinne und das monomedial in einem Bild, sei es Zeichnung, Pastell oder Gemälde.

Weiterführende Literatur
Hubertus Gassner, Martine Sitt (Hg.), *Spiegel geheimer Wünsche, Stillleben aus fünf Jahrhunderten*, Kunsthalle Hamburg, München 2008

Stillleben mit Johannisbrotfrüchten, undatiert
Öl auf Leinwand, 33 x 46 cm

Stilleben, 1921
Öl auf Leinwand, 61 x 50 cm

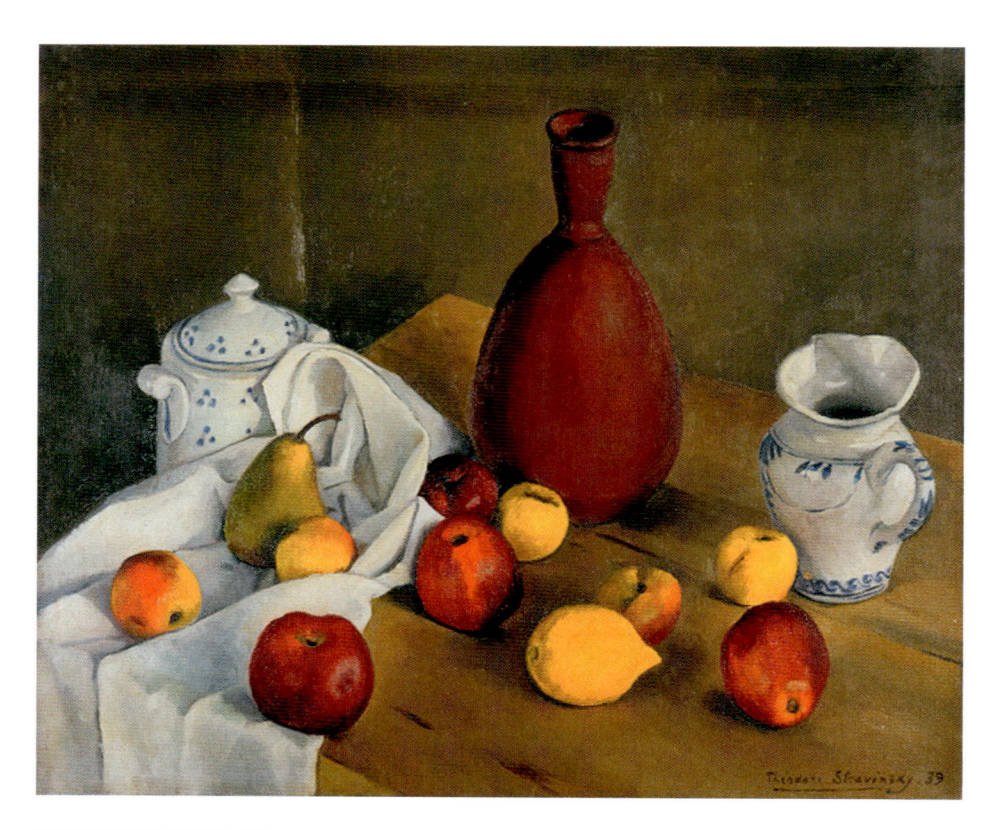

Ohne Titel (Stillleben mit Früchten), 1939
Öl auf Leinwand, 54 x 65 cm

Lauch und Tomaten I, 1939
Öl auf Leinwand, 50 x 61 cm

Ohne Titel (Krug), 1920
Gouache auf Papier, 24,5 x 19 cm

Sommer am Meeresufer, 1965-1980
Pastell auf Papier auf Papier, 45 x 61 cm

Stillleben mit Lorbeerblättern, 1976
Pastell auf Papier, 32 x 46 cm

Die Ananas, 1986
Pastell auf Papier, 54 x 73 cm

Ohne Titel (Trauben, Zitrone und Oliven I), 1947
Aquarell und Pastell auf Papier, 37 x 55 cm

Die Artischocke, 1986
Pastell auf Papier, 38,5 x 50,5 cm

Stillleben mit schwarzer Figurine, 1975-1976
Pastell auf Papier auf Papier, 70 x 100 cm

Wellensittichkäfig, 1946
Öl auf Leinwand, 73 x 60 cm

Die Rumflasche, 1939-1943
Öl auf Malkarton, 65 x 54 cm

Stillleben mit Schaumpfeife, 1939
Öl auf Leinwand, 38 x 55 cm

Die Giesskanne 1943
Öl auf Leinwand, 100 x 81 cm

Déjeuner de Noces, 1943
Titelblatt, Druck mit Aquarell, 22,5 x 17 cm

HOCHZEITEN, SOLDATENGESCHICHTEN UND PETRUSCHKA

Théodore Strawinsky, aufgewachsen im «Theatermilieu», entwirft ab den frühen 1930er Jahren bis Ende der 1950er Jahre Bühnenbilder und Kostüme für Aufführungen der (Musik-) Stücke seines Vaters, aber auch anderer Autoren. Bereits 1926 hatte er für Igor Strawinsky und Jean Cocteau ein Bühnenbild und Kostüme für deren gemeinsames Projekt *Oedipus Rex* entworfen. Die Uraufführung des Stücks am 20. Mai 1927 im Théâtre Sarah in Paris wurde dann aber konzertant, ohne Bühnenbild und ohne Kostüme, durchgeführt. Cocteau, zu dem Théodore Strawinsky noch lange Kontakt hatte, schrieb später in einem Brief, dass *Oedipus Rex* doch immer im Bühnenbild Strawinskys aufgeführt werden sollte.

1944 entwarf er mehrere Bühnenbilder für das Musiktheaterstück *Histoire du Soldat*, dessen Uraufführung er 1918 aquarelliert hatte – die Entwürfe wurden bei den Aufführungen vom 9. Februar und vom 22. März 1945 im Grand Théâtre in Genf realisiert. Mit dem Autor des Librettos, Charles-Ferdinand Ramuz, war Théodore Strawinsky freundschaftlich verbunden – was sich auch in den zahlreichen Illustrationen zu Büchern des Westschweizer Autors niederschlug. Bereits 1936 hatte Théodore Strawinsky Kostüme für *Les Noces* (Die Bauernhochzeit) von Igor Strawinsky entworfen – verwendet wurden diese für eine Aufführung des Stückes im Palais des Beaux-Arts, Brüssel (Mai 1936). Die Kostüme orientieren sich entsprechend dem Thema des Stücks an verschiedenen russischen Bauerntrachten. Bemerkenswert sind die detaillierten handschriftlichen Angaben auf den Blättern; bei der «Mutter des Bräutigams» vermerkt er, dass die «Haare grau» sein sollen; der «rechteckige Schal» (das Kopftuch) sollte aus Wollmusselin und bitte 150 cm lang sein, die als Gürtel benutzte Schleife aus glänzendem Satin. Hinzu kommen die genauen Farbangaben, in einigen Fällen auch Stoff oder Fadenmuster.

1944 entwirft Théodore Strawinsky die Kostüme für Igor Strawinskys Stück *Petruschka*, aufgeführt am 9. und am 13. Juni 1944 im Stadttheater Zürich – während der Zürcher Theaterwochen. Die zahlreichen Entwürfe erscheinen – von heute aus gesehen – weit eigenständiger, autonomer als die früheren Beispiele. Strawinsky aquarelliert eine «Galerie des Contemporains» – ganz im Stil der Figurenalben des 19. Jahrhunderts, die Prominente, Schauspieler, aber auch Volkstypen vorstellten. Dabei bezieht er sich im Rahmen der im Jahr 1830 angesiedelten Handlung auf den Kleidungsstil der Epoche – grössere Freiheiten sind vor allem bei den verkleideten «Jahrmarktfiguren» möglich. Strawinsky verzichtet hier auf Detailangaben – dafür individualisiert er einzelne Figuren, zeigt Mimik, Gestik und Interaktion. Mit diesem Kunstgriff nähert er sich den zwischen 1850 und 1914 beliebten Sammelalben an, in die der Interessierte gezeichnete oder fotografierte Porträts von bekannten Persönlichkeiten sowohl in Visitkarten- wie auch in Kabinettkartenformat stecken konnte. Seine Entwürfe für die Bühnenbilder der einzelnen Akte des Stücks – *Volksfest in der Butterwoche, Bei Petruschka, Beim Mohren, Volksfest in der Butterwoche* – betonen das Märchenhafte des Librettos, des Spiels aller Protagonisten – des Gauklers, der männlichen Mitleidsfigur Petruschka, der Ballerina und des Mohren – zwischen Traum und Wirklichkeit, zwischen realistischer Erzählung und ästhetischer Erfindung.

1956 entwarf Théodore Strawinsky für den Musikverlag Boosey & Hawkes / London das Titelblatt einer Ausgabe der Partitur für *Canticum Sacrum* von Igor Strawinsky (1955 komponiert; vollständiger Titel: *Canticum Sacrum ad honorem Sancti Marci Nominis*). Die Komposition wurde von Igor Strawinsky dem Auftraggeber, der Stadt Venedig und ihrem Schutzpatron, dem Apostel Markus, gewidmet. Théodore Strawinsky wählt als Motiv eine Variation des Stadtwappens von Venedig, des geflügelten Löwen, dem Attribut des Apostels Markus. So kann er verdichtend auf den Auftraggeber und die religiöse Botschaft des *Canticum* (= hymnischer Gebetstext) verweisen, wie auch die Basilica di San Marco ehren, in der der *Canticum* am 13. September 1956 unter Leitung von Igor Strawinsky uraufgeführt wurde.

Weiterführende Literatur
Jochen Voigt, *Faszination Sammeln, Cartes de visite, Eine Kulturgeschichte der photographischen Visitenkarte*, Chemnitz 2006.
Eleonora Louis (Hg.), *Kunst auf der Bühne, Les grands spectacles II*, Museum der Moderne Salzburg, Salzburg 2006.
Ursula Kramer (Hg.), *Theater mit Musik, 400 Jahre Schauspielmusik im europäischen Theater, Bedingungen – Strategien – Wahrnehmungen*, Bielefeld 2014.

Histoire du Soldat (Bühnenbildentwurf), 1944
4 Gouachen auf Karton, je 17 x 23,5 cm

75

Oedipus Rex (2 Kostümstudien), 1926
Gouache und Bleistift auf Papier, je 44 x 32,5 cm

Oedipus Rex (Bühnenbildentwurf), 1926
Gouache auf Papier auf Karton geklebt, 35 x 49 cm

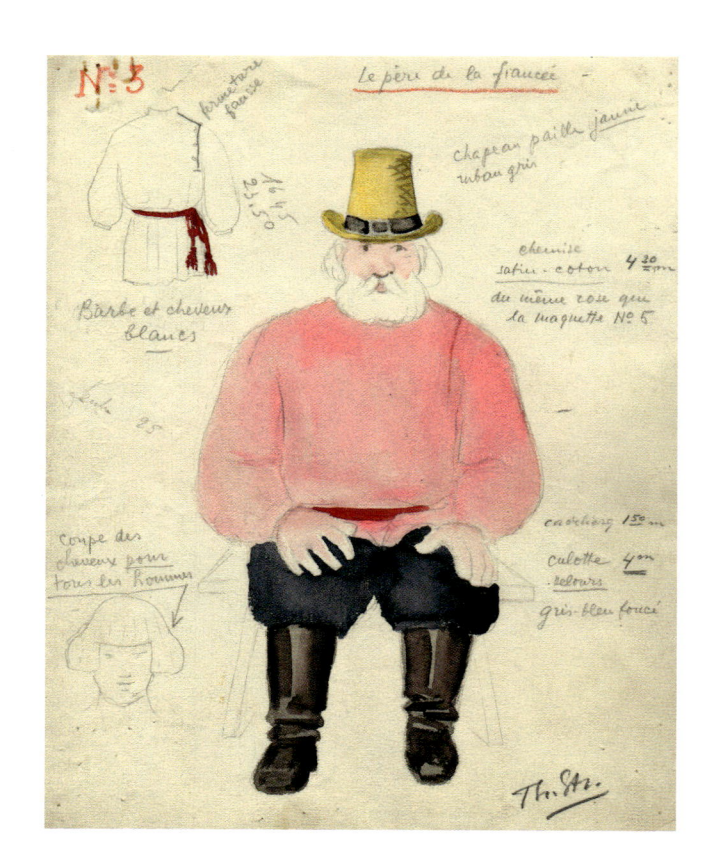

Noces: Der Vater der Braut (Kostümstudie), 1936
Aquarell und Bleistift auf Papier, 31,5 x 25 cm

Noces: Die Mutter der Braut (Kostümstudie), 1936
Aquarell und Bleistift auf Papier, 32,5 x 25 cm

Noces: Die Klatschbase (Kostümstudie), 1936
Aquarell und Bleistift auf Papier, 32,5 x 25 cm

Noces: Der Bräutigam (Kostümstudie), 1936
Aquarell und Bleistift auf Papier, 32,5 x 25 cm

Petruschka (2 Kostümstudien), 1944
Tuschfeder und Gouache auf Papier, je 19,5 x 14,5 cm

Petruschka. III - Chez le Maure

Petruschka: Beim Mohren (Bühnenbildentwurf), 1944
Gouache auf Papier, 24 x 31,5 cm

Petruschka (2 Kostümstudien), 1944
Tuschfeder und Gouache auf Papier, je 19,5 x 14,5 cm

Petruschka: Zauberer (Kostümstudie), 1944
Tuschfeder und Gouache auf Papier, 19,5 x 14,5 cm

Petruschka (Kostümstudie), 1944
Tuschfeder und Gouache auf Papier, 19,5 x 14,5 cm

Petruschka: Zigeunerin II (Kostümstudie), 1944
Tuschfeder und Gouache auf Papier, 19,5 x 14,5 cm

Petruschka: Zigeunerin I (Kostümstudie), 1944
Tuschfeder und Gouache auf Papier, 19,5 x 14,5 cm

Petruschka (2 Kostümstudien), 1944
Tuschfeder und Gouache auf Papier, je 19,5 x 14,5 cm

Petruschka (2 Kostümstudien), 1944
Tuschfeder und Gouache auf Papier, je 19,5 x 14,5 cm

Petruschka: Amme (2 Kostümstudien), 1944
Tuschfeder und Gouache auf Papier, je 19,5 x 14,5 cm

Petruschka (2 Kostümstudien), 1944
Tuschfeder und Gouache auf Papier, je 19,5 x 14,5 cm

Petruschka: Petruschka (2 Kostümstudien), 1944
Tuschfeder und Gouache auf Papier, je 19,5 x 14,5 cm

Petruschka (Kostümstudie) 1944
Tuschfeder und Gouache auf Papier, 19,5 x 14,5 cm

Petruschka: Ballerina (Kostümstudie), 1944
Tuschfeder und Gouache auf Papier, 19,5 x 14,5 cm

Petruschka (Kostümstudie), 1944
Tuschfeder und Gouache auf Papier, 19,5 x 14,5 cm

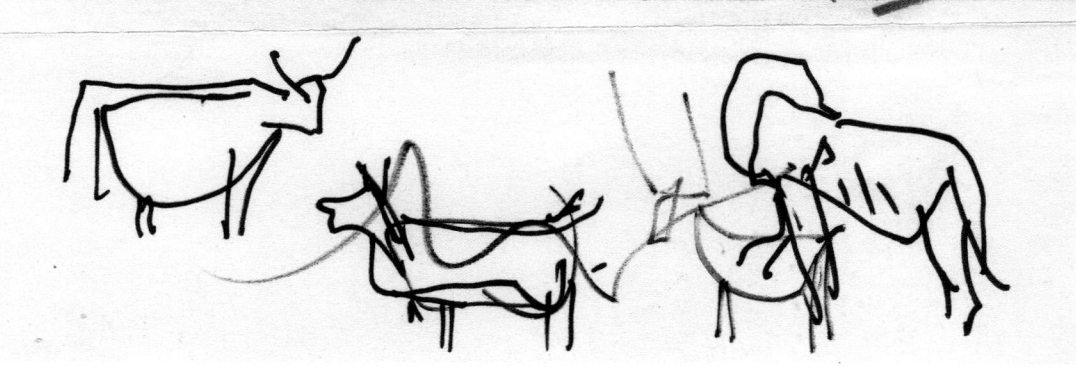

Canticum Sacrum (Studie für das Titelblatt der Partitur), 1956
Feder und Tusche auf Papier, 31 x 22 cm

FRANZ VON ASSISI

Théodore Strawinsky, der 1940 zum Katholizismus konvertierte, hinterliess ein umfangreiches religiöses, spirituelles Werk, das 1990 in Buchform gewürdigt wurde (siehe «weiterführende Literatur»). Da die bedeutendsten Werke im öffentlichen Raum als fest integrierte «Kunst am Bau» realisiert wurden, kann dieser Aspekt in einer Überblicksausstellung, die das malerische Werk vorstellen will, kaum angemessen berücksichtigt werden. Stellvertretend für dieses Hauptmotiv der Kunst Strawinskys, vor allem der Jahre nach 1950, zeigen in der Ausstellung drei Pastelle Szenen aus der Heiligengeschichte des Franz von Assisi.

Die drei Zeichnungen *Franziskus empfängt die Stigmata*, *Franziskus und der Wolf*, *Franziskus und die Waldtauben* (alle 1982) vergegenwärtigen entscheidende Momente in der Biographie des Heiligen, der heute u.a. für Demut, Naturverbundenheit, Askese, Mitgefühl, soziales und ökologisches Engagement steht.

Der heilige Franz von Assisi (1181-1226) hatte sich 1224 auf den Berg Alverna bei Arezzo zurückgezogen und empfing dort, folgt man seinen Biographen, die Wundmale Christi, die Stigmata. Franz von Assisi wird so zu einem Abbild von Christus, zu einem Stellvertreter auf der Erde. Strawinsky visualisiert diesen Moment als zwar transzendentes, aber physikalisch reales Ereignis: Lichtstrahlen erzeugen die Wunden.

In der Legende von Franziskus und dem Wolf von Gubbio geht es um den Mut und das Verhandlungsgeschick des Mönches, der einem wilden Tier gegenübertritt und dieses – wie auch dessen menschlichen Feinde – durch Argumentation und Vertrauen überzeugt, sich gegenseitig zu respektieren und zu unterstützen. Strawinsky zeigt den Moment, in dem der Wolf durch das Heben der Pfote gelobt, fortan in Frieden mit den Menschen zusammenzuleben.

Eine Umkehrung dieser Geschichte ist die Rettung der Wald- oder Turteltauben: Franziskus überredet einen Jungen, der Wildtauben gefangen hat und diese zum Markt, letztendlich zum Schlachter, bringen will, ihm die wehrlosen Tiere zu überlassen, damit diese weiterleben können. Strawinsky stellt jenen Moment dar, in dem Franz von Assisi die Vögel frei lässt und diese ihn in Form eines Heiligenscheins umkreisen.

Théodore Strawinsky wählte für die Pastelle Geschichten aus dem Leben des Heiligen, die sich in den Kanon der Ars Sacra einfügen, das heisst jener Kunst, die christliche Inhalte für religiöse Menschen (eben nicht für eine Gruppe von Kunstsammlern) darstellt. Damit stellte er immanent die Deutungshoheit der modernen Kunstgeschichtsschreibung beziehungsweise Kunstkritik in Frage, welche spätestens seit dem Ende des 19. Jahrhunderts mitbestimmt, wie zeitgenössische christliche oder kirchliche Kunst inhaltlich und ästhetisch-formal auszusehen habe.

Die seit 1947 für Kirchen realisierten Glasfenster und Wandgemälde erscheinen in der Form abstrahierter, weniger illustrativ – halten sich aber ebenso an die biblische Erzählung. Strawinsky beschrieb dies 1982 in einem Interview mit Radio Suisse Romande nicht nur als bewusste künstlerische Entscheidung, sondern als Voraussetzung jeglicher religiösen Kunst:

„Problème passionnant. Et puis il y a le respect, dans son esprit, du THEME, qui prend […] une importance particulière [..]. Là il faut, et pour moi cela est essentiel, qu'il porte le fidèle à la prière, qu'il soutienne sa méditation et sa contemplation des mystères ; […]. Il s'agit, à mes yeux, d'incorporer les valeurs [artistiques] authentiques d'aujourd'hui à celles de l'art religieux chrétien depuis son origine. […]. On m'a souvent demandé : est-il nécessaire d'être croyant pour peindre des sujets religieux ? Je répondrais que non, il n'est pas nécessaire de croire pour peindre un sujet religieux, mais bien pour créer une œuvre religieuse. »*

---

* Zit. nach Strawinsky 2006, S. 11.

Weiterführende Literatur
Otto Stelzer, *Kann moderne Kunst sakral sein?*, in: *Die Zeit*, 12. Juli 1965 (http://www.zeit.de/1965/07/kann-moderne-kunst-sakral-sein)
Maurice Zermatten, *Théodore Strawinsky, L'œuvre monumentale*, Mailand 1990
Literaturverzeichnis der Schweizerischen St. Lukasgesellschaft für Kunst und Kirche: http://www.lukasgesellschaft.ch/publikationen.php (22. Sept. 2015)

Ohne Titel (Franz von Assisi empfängt die Stigmata), 1982
Pastell auf Papier auf Papier, 47 x 58 cm

Ohne Titel (Franz von Assisi und die Waldtauben), 1982
Pastell auf Papier auf Papier, 24 x 29 cm

Ohne Titel (Franz von Assisi und der Wolf), 1982
Pastell auf Papier auf Papier, 24 x 29 cm

Théodore Strawinsky, Magnanac (Haute-Garonne, Frankreich), 1940

THÉODORE STRAWINSKY
BIOGRAPHIE / BIBLIOGRAPHIE

Igor und Catherine Strawinsky-Nossenko und
ihr ältester Sohn Théodore, Sankt Petersburg, 1907

Igor Strawinsky und Théodore, im Park in Morges (Waadt), 1915

1907
Am 24. März wird Théodore Strawinsky in St. Petersburg geboren. Er ist das erste von vier Kindern des Komponisten Igor Strawinsky und seiner Gattin Catherine, geb. Nossenko. Seine Geschwister sind Ludmila, Soulima und Milène, welche in den Jahren 1908 bis 1914 zur Welt kommen.

1910
Von 1910 an wählt die Familie Strawinsky als Winterquartier Montreux-Clarens (Schweiz) und den Sommer verbringt sie auf ihrem Landgut in Ustilug (Ukraine).

1914
Der Ausbruch des Ersten Weltkrieges zwingt die Familie, in der Schweiz zu bleiben. Sie wohnt in Clarens, im Haus des Dirigenten Ernest Ansermet. 1915 zieht sie in die Villa Rogivue in Morges, später ins Haus Bornand, ebenfalls in Morges. Charles Ferdinand Ramuz, René Auberjonois und Alexandre Cingria sind häufige Gäste der Familie. Diese ermuntern Théodore zu zeichnen und zu malen. Es entstehen erste Bilder des Knaben, u. a. 1918 das Aquarell *La Première de l'Histoire du Soldat* (Die Premiere der Geschichte des Soldaten). Igor Strawinsky bleibt nach Kriegsende, auch aufgrund der Russischen Revolution, mit seiner Familie in der Schweiz.

1920
Die Familie Strawinsky verlässt im Frühjahr endgültig die Schweiz; sie zieht in die Villa *Bel Respiro* in Garches/Île de France, das ihnen Coco Chanel zur Verfügung stellt.

Bildnis Denise Guerzoni (1936: Denise Strawinsky), 1935
Öl auf Leinwand, 81 x 65 cm

1921

Im Frühling kann Théodore den *Ballets Russes* von Sergei Djagilew zuschauen. Der von Pablo Picasso gemalte Bühnenvorhang für *Parade* von Erik Satie (nach einer Idee von Jean Cocteau) beeindruckt ihn. Georges Braque, Picasso und André Derain ermutigen den jungen Künstler und erteilen ihm nützliche Ratschläge. Derain wird von Théodore Strawinsky später als einer seiner «Lehrer» genannt.

Igor Strawinsky zieht für den Sommer mit seiner Familie nach Anglet, Pyrénées-Atlantiques, dann in die *Villa des Rochers* in Biarritz.

1924

Die Familie zieht nach Nizza in die *Villa des Roses*. Dort treffen sie sich häufig mit Cocteau, der in Villefranche-sur-Mer wohnt.

1927

Die Galerie Quatre Chemins in Paris zeigt in einer ersten Einzelausstellung Werke des 20jährigen Théodore Strawinsky. Es sind Ölbilder, Zeichnungen und Gouachen. 1928 folgt die zweite Ausstellung in der gleichen Galerie. Im Gästebuch der Ausstellungen sind Einträge und Skizzen von bekannten Personen: darunter der Maler Georges Rouault, der Tänzer Sergei Lifar, der Komponist Henri Sauguet, der Dirigent Eugène Goossens, der Musikkritiker Pierre Souvtchinsky, der Dirigent Ernest Ansermet, der Komponist Arthur Lourié und Djagilew.

1930

Während der Sommerferien in der Nähe des Lac Paladru, Dept. Isère, besucht die Familie den Pianisten und Komponisten Sergei Prokofjew, der in der Nähe seine Ferien verbringt. Die idyllische Gegend verleitet Igor Strawinsky einmal mehr, das Domizil zu wechseln.

Zwei Jahre lang besucht Théodore Kurse an der Académie André Lhote in Paris. Der Maler Lhote, der zu dieser Zeit auch Henri Cartier-Bresson ausbildete, kann als wichtiger Einfluss gelten.

1931

Umzug der Familie ins Château de la Veronnière in Voreppe, in der Nähe von Grenoble.

1933

Théodore Strawinsky kommt als Maler erstmals in Kontakt mit der Theaterwelt. Er entwirft die Bühnenbilder für *Loire*, einem Stück des Schriftstellers und Dramatikers André Obey, das im Theater Vieux Colombier in Paris aufgeführt wird. Es folgen mehr als zehn Aufträge für Theaterdekors und Kostüme in Frankreich, Belgien und der Schweiz.

Der Künstler beschäftigt sich mit Druckgraphik und radiert um die fünfzig Zirkusszenen, Ballerinen, Tänzerinnen, Akte, sowie Porträts beispielsweise des Schweizer Schriftstellers Charles-Ferdinand Ramuz und seines Vaters Igor. Arbeiten von Théodore werden in Galerien in Paris, Lausanne und Basel, wie auch im Musée de l'Athénée in Genf ausgestellt.

1934

Ende Jahr wird die Familie Strawinsky (mit Ausnahme von Théodore) in Frankreich eingebürgert und lässt sich in Paris nieder, zuerst an der Rue Viète 21, dann am Faubourg Saint Honoré 25. Hier verfügt Théodore, wie auch an den anderen Wohnorten, über ein eigenes Atelier – nahe an den Wohnräumen der Familie. Durch Jean Cocteau lernt er Jacques und Raïssa Maritain in Meudon bei Paris kennen. Jacques und Raïssa Maritain, waren auch langjährige Bekannte von Igor Strawinsky. Maritain war katholischer Philosoph und Vertreter des Thomismus. In seinem Umfeld lernt Théodore wohl auch den Theologen und Kardinal Charles Journet kennen.

In Meudon begegnet Théodore seiner späteren Ehefrau, Denise Guerzoni, die mit ihrer Freundin Gina, Tochter des Malers Gino Severini zu Besuch ist.

Théodore illustriert im Auftrag eine Buchausgabe von Molières *Les Fourberies de Scapin*. Weitere sechzehn Aufträge folgen, u. a. *Le Cirque* von Ramuz, die er in lithographischer Technik ausführt.

1936

Heirat von Théodore Strawinsky mit Denise Guerzoni am 29. Juni in Paris. Denise ist die Tochter der Schweizer Malerin Stéphanie Guerzoni, die seinerzeit eine Schülerin von Ferdinand Hodler war.

1938

Ludmila, die Schwester von Théodore, stirbt im November an Lungentuberkulose.

1939

Im März stirbt Théodores Mutter Catherine. Im Juni desselben Jahres stirbt die Grossmutter väterlicherseits, Anna.

Igor verlässt im September Europa und zieht in die USA. 1945 wird er die US-Amerikanische Staatsbürgerschaft bekommen. 1946 und 1947 kommen auch die Kinder Soulima Strawinsky und Milène Strawinsky mit ihren Familien zu ihm.

Théodore, seit der Russischen Oktoberrevolution de facto staatenlos, tritt in die französische Armee ein. Er wird in Le Mans aufgeboten, doch bald darauf aus gesundheitlichen Gründen entlassen. René Auberjonois bietet ihm sein Haus in Villemur-sur-Tarn, Haute-Garonne an.

1940

Théodore, ursprünglich orthodoxen Glaubens, wird Katholik.

Ausstellung *Théodore Strawinsky* in den Perls Galleries in New York, die 1937 von dem deutschen Auswanderer Karl Perls begründet wurden. Igor Stravinsky heiratet seine langjährige Geliebte Vera Soudeikine.

1941

Das Vichy Regime lässt Théodore Strawinsky verhaften – die genauen Umstände und Gründe bleiben bis heute im Dunkeln. Nach einigen Monaten wird er aufgrund der Intervention seiner Frau und eines Freundes aus dem Internierungslager Récébédou bei Toulouse entlassen.

1942

Théodore und Denise kommen in die Schweiz, der Heimat von Denise. Sie lassen sich im Haus Bonnet, 40 rue du Marché in Genf nieder.

Die Galerie Georges Moos organisiert eine Einzelausstellung des Künstlers; zwei weitere Ausstellungen folgen in den Jahren 1944 und 1947. Bis zu seinem Tod 1989 zeigt Théodore Strawinsky seine Werke in der Schweiz (Genf, Zürich, Bern, Neuenburg, Yverdon, Fribourg, Lausanne, Vevey, Sierre, Sion, Montreux), in Frankreich (Paris, Le Mans) und in Italien (Rom, Mailand, Omegna, Orta, Bergamo).

1943

Der Schriftsteller, Jurist und Übersetzer Iouri Mandelstamm, Witwer von Ludmila und Vater der nun 6jährigen Tochter Catherine, stirbt im Vernichtungslager Iawojno in Polen (lt. dem Verzeichnis von Yad Vashem wurde er am 31. Juli 1943 vom französischen Internierungslager Drancy nach Auschwitz-Birkenau transportiert). Théodore illustriert *Noces et autres histoires*, ein Buch von Ramuz, in dem u.a. dessen Texte zu Stücken Igor Strawinskys publiziert werden.

1944

Von 1944 bis 1963 realisiert der Maler mehrere Bühnenbilder und die Kostüme, u. a. für Stücke seines Vaters *L'Histoire du Soldat* und *Sodome et Gomorrhe* von Jean Giradoux (1944), *Petruschka* (1945), *The Rake's Progress* (1952).

1946

Denise und Théodore nehmen die Nichte Catherine zu sich, die viele Jahre im Tuberkulose-Sanatorium in Leysin bei Aigle lebte. Die Adoption folgt 1952. 1956 erhält Théodore für sich und seine Tochter das Schweizer Bürgerrecht.

1948

Théodore Strawinsky übernimmt den ersten Auftrag für Kirchenfenster in der Kirche St. Sulpice in Siviriez, Nähe Fribourg. Die fünf Fenster, die er fertigt, setzen Arbeiten fort, die von Alexandre Cingria und Gaston Faravel begonnen wurden; heute findet man in dieser Kirche auch von Samuel Buri gestaltete Fenster. In den folgenden 35 Jahren führt der Künstler im sakralen, aber auch im profanen Umfeld vierzig Werke aus: Wandmalereien, Kirchenfenster, Mosaiken, Wandteppiche und Gravuren auf Marmor. Er arbeitet mit den Architekten Denis Honegger, Hans van der Laan, Nico van der Laan oder Jan de Jong zusammen. Er gehört damit zu jenen Künstlern, die das traditionelle Arbeitsfeld der «Grande Décoration» weiterführen.

Théodore gibt das Buch *Le Message d'Igor Strawinsky* heraus. Als Autor schreibt Théodore für Zeitungen und Zeitschriften Studien und Artikel über Musik und Malerei.

1963

Ab 1963 werden die Niederlande fast zur zweiten Heimat des Malers. Mit dem Benediktinermönch Dom Hans van der Laan, Architekturtheoretiker und Begründer der Bossche School, arbeitet Théodore bis 1978. In diesem Zeitraum fertigt er Wandmalereien in sechs Kirchen in Holland und Belgien.

1971
Am 6. April stirbt Igor Strawinsky in New York.

1973
Nach *Le Message d'Igor Strawinsky* publiziert Théodore im Andenken an seine Eltern das Buch *Catherine and Igor Stravinsky: a family album*; eine zweite Auflage erscheint später unter dem Titel *Catherine and Igor Stravinsky: a family chronicle 1906-1940*; dann ergänzt um einen von Denise Strawinsky verfassten Teil.

1976
Théodore Strawinsky wird die Silbermedaille Arts, Sciences, Lettres der Académie française für sein Gesamtwerk überreicht.

1977
Der Maler wird von Papst Paul VI zum Kommandeur des Ordens des Heiligen Gregor d. Gr. ernannt für «den Dienst an der Kirche durch die Kunst».
   Er und seine Gattin Denise arbeiten am Inventar seiner Werke.

1987
Der Künstler malt vor seiner endgültigen Erblindung sein letztes Werk, ein Pastell, *L'ananas*.

1989
Théodore Strawinsky stirbt 82jährig am 16. Mai in Genf und wird auf dem Russischen Friedhof Sainte-Geneviève-des-Bois in der Nähe von Paris beigesetzt, wo schon seine Mutter, seine Schwester und seine Grossmutter ruhen. Im Jahr 2004 wird auch seine Ehefrau Denise im dortigen Familiengrab beerdigt.

Denise und Théodore Strawinsky, am Hochzeitstag, 29. Juni 1936, Paris, 1936

Ausstellungen

1927
Théodore Strawinsky, Aux Quatre Chemins, Paris
1928
Th. Strawinsky, peintures gouaches dessins, Aux Quatre Chemins, Paris
1929
Th. Strawinsky, peintures, dessins, Galerie Percier, Paris
1932
Galerie Paul Vallotton, Lausanne
1933
Galerie Pierre Colle, Paris; Galerie Vallotton, Lausanne; Galerie Betty Thommen, Basel; Musée de l'Athénée, Genf
1935
Théodore Strawinsky: peintures, dessins, Galerie A. Barreiro, Paris
1940
Stravinsky, Perls Galleries, New York; Musée des Augustins, Toulouse
1941
Théodore Strawinsky, Galerie Georges Moos, Genf; Galerie Aktuaryus, Zürich
1942
Guilde du Livre, Lausanne; *Théodore Strawinsky*, Galerie Aktuaryus, Zürich; Galerie Georges Moos, Genf; *Théodore Strawinsky*, Galerie Orlac, Neuchâtel
1943
Théodore Strawinsky, Galerie du Lion d'Or, Vevey
1944
Théodore Strawinsky, Galerie Georges Moos, Genf; *Théodore Strawinsky*, Galerie Aktuaryus, Zürich
1947
Galerie Georges Moos, Genf
1949
Théodore Strawinsky, Galerie Art et Lettres, Vevey; *Théodore Strawinsky*, Galerie Orlac, Neuchâtel
1950
Cercle d'Yverdon, Yverdon; *Théodore Strawinsky*, Musée de l'Athénée, Genf
1955
Théodore Strawinsky, Musée d'art et d'histoire, Fribourg; *Théodore Strawinsky*, Musée de l'Athénée, Genf
1957
Stravinsky, Galerie André Weil, Paris
1958
Théodore Strawinsky, Galerie des Nouveaux Grands Magasins, Lausanne; UBS, Montreux; UBS, Genf
1959
Teodoro Strawinsky, Galleria l'Obelisco, Rom
1960
Musée de l'Athénée, Genf
1961
Dipinti e scenografie di Théodore Strawinsky, Galleria Il Milione, Mailand
1964
Musée de l'Athénée, Genf
1966
Théodore Strawinsky, Musée d'art et d'histoire, Fribourg
1967
Théodore Strawinsky, Musée de l'Athénée, Genf
1972
Théodore Strawinsky, Portico d'Arte, Omegna
1974
Un aspect de l'œuvre de Théodore Strawinsky, aquarelles, pastels, crayons, Galerie du Capricorne, Vevey; *Strawinsky*, Musée d'art et d'histoire, Neuchâtel
1977
Théodore Strawinsky, Peintures et Pastels, Musée de Tessé, Le Mans; Portico d'Arte, Omegna
1979
Théodore Strawinsky, huiles et pastels, Galerie des Granges, Genf
1981
Théodore Strawinsky, Fondation Château de Villa, Sierre (Waadt)
1982
Théodore Strawinsky, huiles et pastels, Galerie Pomone, Lutry
1983
Théodore Strawinsky: pastels, Galerie Suisse de Paris, Paris
1984
Théodore Strawinsky, Centre musical Bösendorder, Paris; *Théodore Strawinsky, pastels*, Galerie des Remparts, Le Mans; *Théodore Strawinsky, huiles, pastels*, Galerie des Chaudronniers, Genf
1985
Théodore Strawinsky, Galerie de la Cathédrale, Fribourg
1986
Théodore Strawinsky, Galerie Grande-Fontaine, Sion
1987
Galerie des Chaudronniers, Genf; *Théodore Strawinsky, huiles, pastels*, Galerie Picpus, Montreux
1988
Théodore Strawinsky: Mostra degli studi preparatori per le pitture murali del Getsemani di Casale Corte Cerro, Centro Canonica, Novara; *Théodore Strawinsky, Rétrospective*, Musée d'art et d'histoire, Neuchâtel; *Théodore Strawinsky, Mostra degli studi preparatori per le pitture murali del Getsemani di Casale Corte Cerro*, Circolo cultural S. Maria, Omegna
1989
Théodore Strawinsky, Pittore, Palazzo Viani-Visconti, Verbania; *Théodore Strawinsky, Mostra degli studi preparatori per le pitture murali del Getsemani di Casale Corte Cerro*, Fondazione Marazza, Borgomaneron
1993
Hommage à Théodore Strawinsky, Musée de l'Athénée, Genf; *Hommage à Théodore Strawinsky*, Galerie des Remparts, Le Mans
1994
Théodore Strawinsky, vitrail et peinture, Musée du Vitrail, Romont
1995
Théodore Strawinsky, peinture, Galerie Picpus, Montreux
1996
Théodore Strawinsky, peinture, Galerie de la Cathédrale, Fribourg
1999
Théodore Strawinsky, peinture, Galerie de la Cathédrale, Fribourg
2000
Théodore Strawinsky, Galerie Plaisir des Yeux, Sierre
2001
Théodore Strawinsky, Galerie Horizon, Hermance
2003
Théodore Strawinsky, Espace Châtelet-Victoria, Paris
2005
Théodore Strawinsky, Crayons, lavis, encres, Galerie Horizon, Hermance
2006
Théodore Strawinsky, Une rétrospective – Eine Retrospektive, Musée Neuhaus, Biel
2009
Petrouchka de Stravinski, Montreux Jazz Festival (Château de Chillon), Montreux; *Théodore Strawinsky*, Galerie Plexus, Fribourg
2011
Théodore Strawinsky, de naam, het werk, de kunst!, De Buitenplaats Museum, Eelde (Niederlande)
2015
Théodore Strawinsky (1907-1989), Musée de Carouge, Carouge

Aufgeführt sind ausschliesslich Einzelausstellungen; ausführliche Listen zu den Gruppenausstellungen finden sich auf: www.theodorestrawinsky.ch/de/expositions

Monographien

Marcel Strub, Maurice Moullet (Vorwort), *Théodore Strawinsky*, Neuchâtel, La Baconnière, coll. L'art religieux en Suisse romande, Nr. 10, 1950
Charles Journet, Pierre Mamie, Georges Julmy, Pierre Barras und Théodore Strawinsky, *Les verrières de Théodore Strawinsky, Eglise du Christ-Roi à Fribourg / Die Glasfenster von Theodor Strawinsky: Christ-König-Kirche Freiburg*, Fribourg, Imprimerie St-Paul, 1974
Maurice Zermatten (Text), Pierre von Allmen (Vorwort), *Théodore Strawinsky*, Ed. Galerie Suisse de Paris, 1984
Luigi Gedda, Germano Zaccheo, Maurice Zermatten, Luigi Alberti, *Théodore Strawinsky, Pitture murali sul Lago d'Orta*, Anzola d'Ossola, Fondazione Arch. Enrico Monti. Mit Anhang: Icone mariane [Text von Germano Zaccheo], 1988
Maurice Zermatten (Text), *Théodore Strawinsky, L'œuvre monumentale*, Genf, 1990
Sylvie Gillot-Visinand, Margrith Fornaro-Artho, Philipp Lüscher, *Théodore Strawinsky*, Fondation Théodore Strawinsky, Genf, 2006
Hans Holtmann, Bert Konter, *Théodore Strawinsky, Scènes uit het leven van Jezus van Nazareth, Scenes from the life of Jesus of Nazareth*, Almelo, Cultuuruitgaven Stichting Helicon, 2008

Ausstellungskataloge

Théodore Strawinsky, Aux Quatre Chemins, Paris, 1927, 4 S.
Th. Strawinsky, Aux Quatre Chemins, Paris, 1928, 4 S.
Th. Strawinsky, Galerie Percier, Paris, 1929, 4 S.
Peinture du Groupe Raison d'être [Gruppenausstellung. Abdul Wahab, Van Berchem, Emilio Beretta, Emile Chambon, Albert Chavaz, Alexandre Cingria, Colin, Lucien Coutaud, Leonardi, de Roux, Stocker, Th. Stravinsky], Galerie de Seine, Paris, 1930, 4 S.
Les Amis de l'art contemporain [Gruppenausstellung], Paris, 1934
Théodore Strawinsky, Galerie A. Barreiro, Paris, 1935, 4 S.
Stravinsky, Perls Galleries, New York, 1940, 4 S.
Théodore Strawinsky, Galerie Moos, Genf, 1941
Théodore Strawinsky, Galerie Aktuaryus, Zürich, 1942, S. 1-5
Théodore Strawinsky, Galerie Aktuaryus, Zürich, 1944, S. 1-4
Théodore Strawinsky, Galerie Georges Moos, Genève, 1944, 8 S.
Théodore Strawinsky, Musée d'art et d'histoire, Fribourg, 1955, 8 S.
Théodore Strawinsky, Musée de l'Athénée, Genève, 1955, 4 S.
Teodoro Strawinsky, L'Obelisco, Roma, 1959
Théodore Strawinsky, Il Milione, Milano, 1961, 4 S.
Musée Rath [Gruppenausstellung von der Société des Peintres, Sculpteurs et Architectes Suisses (S.P.S.A.S)], Genève, 1962
Autumn Arts Festival [Gruppenausstellung], Bromsgrove (GB), 1964
Théodore Strawinsky, Musée d'art et d'histoire, Fribourg, 1966 [20 S.]
Kunstausstellung, Kurbrunnen [Gruppenausstellung], Rheinfelden, 1967
Théodore Strawinsky, Musée d'art et d'histoire, Neuchâtel, 1974 [24 S.]
Théodore Strawinsky ou la transfiguration de la matière, Musée de Tessé, Le Mans, 1977 [8 S.]
Théodore Strawinsky, Galerie des Granges, Genève, 1979, 34 S.
Testimoni dello spirito, mostra di autografi offerti a Paolo VI nell'ottantesimo anno per la biblioteca apostolica vaticana, Braccio di Carlo Magno, Città del Vaticano, 1979
Acquisizioni della Collezione Vaticana d'Arte Religiosa Moderna [Gruppenausstellung], braccio di Carlo Magno, Città del Vaticano, 1980
Strawinsky: Sein Nachlass. Sein Bild, Kunstmuseum in Zusammenarbeit mit der Paul Sacher Stiftung [Gruppenausstellung], Basel, 1984
Théodore Strawinsky, Rétrospective, Musée d'art et d'histoire, Neuchâtel, 1988, 52 S.
Artistes russes de l'Ecole de Paris [Gruppenausstellung], Petit Palais, Musée d'Art moderne, Genf, 1989, 80 S.
Maîtres suisses du XXe siècle [Gruppenausstellung], Petit Palais, Musée d'Art moderne, Genf, [1991], 48 S.
Les Dessins de Théodore Strawinsky, Maison Visinand, mit Texten von Denise Strawinsky (Vorwort) und Edith Carey, Montreux, 1999, 64 S.
Théodore Strawinsky, Galerie Horizon, Genf, 2005 [8 S.]
Montreux Art Gallery [Gruppenausstellung], Montreux, 2005, 114 S.
Théodore Strawinsky, de naam, het werk, de kunst!, Museum De Buitenplaats te Eelde (Niederlande), Mini-Katalog n° 52 (2 Ausgaben), 2011, 56 S.
La remise en jeu, Villa Dutoit [Gruppenausstellung], Genf, 2012, Dossier [15 S.]
Théodore Strawinsky (1907-1989), Musée de Carouge, mit Texten von Fanny Wisard [Philippe Lüscher] 2014-2015 [16 S.]

Bücher von Théodore Strawinsky

Théodore Strawinsky, *Le message d'Igor Strawinsky*, Lausanne, Librairie F. Rouge, 1948 (éd. de l'Aire, Lausanne,1980)
Théodore Strawinsky. *Catherine & Igor Stravinsky – A Family Album*, London, Boosey & Hawkes, 1973.
Text auch in: *Au cœur du Foyer Igor et Catherine Strawinsky 1906-1940*, Bourg-la-Reine, Zurfluh, 1999 (mit einem Text von Denise Strawinsky)
Théodore Strawinsky et al., *Catherine & Igor Stravinsky – A family chronicle 1906-1940*, London, Schirmer Trade Books, 2004 (Stephen Walsh, Übersetzer)

Diese Publikation begleitet die Ausstellung

Théodore Strawinsky – Lied der Stille

Kunstmuseum Appenzell
6. November 2015 bis 27. März 2016

Herausgegeben von Roland Scotti im Auftrag der Heinrich Gebert Kulturstiftung Appenzell.

© 2015 Steidl, Göttingen
© 2015 Verlag der Heinrich Gebert Kulturstiftung Appenzell
© 2015 für alle Werke bei der Fondation Théodore Strawinsky, Genf
© 2015 für die Reproduktionsfotografien bei Fondation Théodore Strawinsky, Genf. Bei Rémy Gindroz für S. 8, 11, 14, 16 rechts, 17, 18, 19, 20 rechts, 21, 28, 32 unten, 36, 38, 40 rechts, 42, 44, 46, 47, 50, 63, 67 unten, 94, 95. Bei Ville de Genève für S. 15 rechts, 31, 32 oben, 33, 40 links, 41, 43, 49, 54, 56 rechts, 64, 66 oben, 67 oben, 68 oben, 69, 70.
© 2015 für die Texte bei Roland Scotti; für die Biographie bei der Fondation Théodore Strawinsky, Genf

Alle Werke in der Ausstellung sind Leihgaben der Fondation Théodore Strawinsky, Genf. Andere Besitzer werden in den Bildlegenden genannt.

THÉODORE
FONDATION
STRAWINSKY

Umschlagabbildung
Théodore Strawinsky, Selbstbildnis, 1934

Gestaltung:
Steidl Verlag, Bernard Fischer und Roland Scotti
Scans: Steidl's digital darkroom

Gesamtherstellung:
Steidl / Düstere Str. 4 DE – 37073 Göttingen
Tel. +49 5551-49 60 60 / Fax +49 5551-49 60 649
mail@steidl.de
steidl.de

All rights reserved, including digital reproductions.

Museumsausgabe: ISBN 978-3-906966-39-7
Verlagsausgabe: ISBN 978-3-95829-128-7
Printed in Germany by Steidl

4.06.—28.08.2016

THÉODORE
POESIE DES AUGENBLICKS
STRAWINSKY

museen stade KUNSTHAUS